ÉLOGE FUNÈBRE

DE

M. JEAN-VICTOR RICŒUR DE BAMONT

PRONONCÉ

Dans l'église du Champ-de-la-Pierre

LE 2 DÉCEMBRE 1862

PAR

M. L'ABBÉ DE FONTENAY

Vicaire-Général, Supérieur du Grand-Séminaire de Séez

PARIS-AUTEUIL

IMPRIMERIE DES APPRENTIS-ORPHELINS — ROUSSEL,

40, rue La Fontaine, 40.

1889

ÉLOGE FUNÈBRE

DE

M. JEAN-VICTOR RICŒUR DE BAMONT

PRONONCÉ

Dans l'église du Champ-de-la-Pierre

LE 2 DÉCEMBRE 1862

PAR

M. L'ABBÉ DE FONTENAY

Vicaire-Général, Supérieur du Grand-Séminaire de Séez

PARIS-AUTEUIL

IMPRIMERIE DES APPRENTIS-ORPHELINS. — ROUSSEL,

40, rue La Fontaine, 40.

—

1889.

ÉLOGE FUNÈBRE

DE

MONSIEUR JEAN-VICTOR RICŒUR DE BAMONT

PRONONCÉ

Dans l'église du Champ-de-la-Pierre

LE 2 DÉCEMBRE 1862

> Dilectus Deo et hominibus : cujus me-
> moria in benedictione est... In fide et
> lenitate ipsius sanctum fecit illum.
> Il a été aimé de Dieu et des hommes
> sa mémoire est en bénédiction. Sa foi
> sa douceur l'ont sanctifié.
> ÉCCL., c. XLV, ŷ. 1, 4

Mes Frères,

Le monde, peu soucieux des vertus chrétiennes qui
croissent dans l'ombre et qui craignent le grand jour,
n'accorde guère son admiration ni ses louanges qu'à la
science, à l'esprit ou à l'éloquence, à la valeur ou à la
puissance, ou bien encore aux actes éclatants de bien-
faisance et aux grandes entreprises d'utilité publique.
S'il fallait exceller en ces dons ou en ces œuvres pour
mériter les louanges de Dieu, vous ne me verriez pas,
mes Frères, moi, son ministre, qui ne dois faire enten-

dre ici que sa parole et ses jugements, vous ne me verriez pas, dis-je, aujourd'hui dans cette chaire. Car, il
faut bien en convenir, ce n'est ni le savoir, ni l'éloquence ; ce n'est ni la puissance, ni les vertus guerriè-
res, ni même les services publics et éclatants rendus à
l'humanité qui nous rassemblent en ce jour autour de ce
cénotaphe. Nous ne trouvons ici qu'une existence simple et modeste, qui s'est écoulée dans la paix et le si-
lence de la vie privée et de la vie domestique.

A Dieu ne plaise, pourtant, que nous laissions l'humble vertu dans l'obscurité où se cache sa pudeur et sa
délicatesse ; à Dieu ne plaise que nous laissions une
mémoire si pure s'éteindre dans l'oubli !

Abattons plutôt, avec S. Paul, toutes les grandeurs
et toutes les gloires humaines devant l'humilité, la
bassesse et l'obscurité apparente des vertus chrétiennes, et disons : Oui, il y a des qualités et des dons pré-
férables aux qualités et aux dons de l'esprit ; oui, il y a
des voies plus glorieuses et plus élevées que celles que
suit l'ambition et que prône le monde : *Æmulamini
autem charismata meliora. Et adhuc excellentiorem
viam vobis demonstro* (1).

Au-dessus de toutes les grandeurs du siècle, au-dessus de tous les avantages de l'esprit, de la nature, de la
fortune et de la naissance, il y a les dons du cœur, et
par-dessus tout la charité, sans laquelle tout le reste
n'est rien. « Car, quand je parlerais le langage des an-
« ges et des hommes, poursuit le grand Apôtre, si je
« n'ai pas la charité, je ne suis qu'un vain bruit, un ai-
« rain sonnant et une cymbale retentissante. Quand
« j'aurais assez de puissance pour transporter les mon-

____

(1) I Corinth. c. xii, v. 31.

« tagnes, si je n'ai pas la charité, je ne suis rien. Quand
« j'aurais assez de courage pour verser mon sang et
« souffrir le martyre, si je n'ai pas la charité, cela ne
« me sert de rien (1). » La charité, l'amour, voilà donc
tout l'homme ; c'est la perfection la plus haute, c'est le
seul mérite auquel s'attache une gloire immortelle.
C'est le plus beau titre de noblesse, puisque la charité
nous fait enfants de Dieu. C'est le trésor par excellence,
puisque c'est le prix du royaume des cieux.

Venez maintenant, ô homme si simple et si droit ;
vertu si humble et si modeste, qui ne craignez plus
d'être souillée par le regard de l'homme, sortez de l'ombre où vous vous cachez ; paraissez au grand jour, et
venez prendre la place que Dieu lui-même vous a assi-
gnée au-dessus de toutes les grandeurs humaines ; et
que ma bouche vous décerne le bel éloge que le Seigneur a fait lui-même autrefois de son serviteur Moïse.
Non, je ne crains pas que ni le ciel ni la terre me dé-
mentent quand je dirai : « Il a été aimé de Dieu et des
« hommes et sa mémoire est en bénédiction... C'est la
« foi et la bonté qui l'ont sanctifié : *Dilectus Deo et ho-*
« *minibus : cujus memoria in benedictione est... In*
« *fide et lenitate ipsius sanctum fecit illum.* » C'est
par sa bonté qu'il s'est fait aimer des hommes ; c'est par
sa foi, par sa piété qu'il s'est fait aimer de Dieu. Je vous
appelle donc, mes Frères, à l'école et aux leçons de la
charité, quand je viens vous remettre sous les yeux la
belle vie et la sainte mort de Messire JEAN-VICTOR
RICŒUR DE BAMONT.

(1) I Corinth. c. XIII, v. 1 et suiv.

PREMIERE PARTIE

Quand on considère l'origine, la naissance, les souvenirs et les traditions de famille de messire JEAN-VICTOR RICŒUR DE BAMONT, on s'attend à le rencontrer dans la carrière des armes qu'avaient parcourue si brillamment ses ancêtres.

Sans remonter jusqu'à René Ricœur de Bâmont, qui protégeait nos côtes de Bretagne contre les corsaires, après avoir gagné ses premiers grades dans la marine, en défendant la cause d'un prince malheureux, dont les droits survivaient à ses revers (1); sans parler non plus de René Ricœur de Bâmont de Vitray, qui combattait si vaillamment à Fontenoy, dans les rangs des Gardes-du-corps du Roi, et qui entrait en triomphe dans le port de Lorient, avec une corvette enlevée à l'ennemi, M. de Bâmont avait pu voir, sur la poitrine de son noble père, la croix de Saint-Louis, gagnée par vingt-deux années de service et trois campagnes sur mer (2).

Mais Dieu n'avait pas façonné son cœur pour la guerre ni ses mains pour tenir l'épée. Il lui avait réservé une part meilleure, quoique moins brillante et moins glorieuse. Il avait fait de son cœur un temple pour la

(1) Jacques II, roi d'Angleterre.
(2) Extrait des *Archives historiques.*

prière, un vase pour la miséricorde ; il avait consacré ses mains pour l'aumône et ses doigts pour essuyer les larmes des affligés.

« Heureux l'homme, m'écrierai-je ici avec le psal-« miste, heureux l'homme qui craint le Seigneur et qui « met toute sa volonté à observer ses commandements. « *Beatus vir qui timet Dominum, in mandatis ejus volet* « *nimis* (1). Heureux l'homme qui compatit et qui vient « en aide à l'indigence ; heureux celui dont la prudence « et le jugement règlent tous les discours, parce qu'il « ne sera jamais ébranlé : *Jucundus homo qui miseretur* « *et commodat, disponet sermones suos in judicio : quia* « *in æternum non commovebitur.* La mémoire du juste « sera éternelle, et il ne craindra point qu'on parle mal « de lui : *In memoriâ æternâ erit justus ab auditione* « *malâ non timebit.* Son cœur est toujours prêt à espé-« rer au Seigneur, et il y trouve un appui inébranlable. « Il a répandu ses biens avec libéralité sur les pauvres. « Sa justice demeure dans tous les siècles, et il sera « exalté dans la gloire : *Dispersit dedit pauperibus....* « *Cornu ejus exaltabitur in gloria.* »

Voilà le juste, mes Frères ; le voilà tel que Dieu nous l'a dépeint avec deux des caractères pncipaux qui les distinguent : la bonté et la piété.

La bonté ! elle est dans son cœur campatissant, *mise-retur ;* elle est dans les traits de son visage, dans la paix et la douceur de son regard ; et la bonté fait sa beauté, *jucundus homo.* Elle est sur ses lèvres et règle tous ses discours, *disponet sermones suos in judicio.* Elle est dans ses œuvres, *dispersit, dedit pauperibus.* Et cette bonté du juste, vous l'avez vue, mes Frères,

(1) Ps. cxi.

vous l'avez connue, vous l'avez aimée dans l'homme de
bien que nous pleurons.

Vous vous rappelez encore, n'est-ce pas? cette physionomie si ouverte et si franche, ce visage d'une sérénité si calme, que la mort n'a point toublé et auquel
(ceux qui l'ont vu alors nous l'ont assuré) elle a même
ajouté je ne sais quoi de céleste et de divin qui ressemblait à la paix des bienheureux; vous n'avez point
oublié cet abord si prévenant, cet accueil si cordial,
cette parole si affectueuse, cette main toujours tendue
à l'amitié pour en resserrer les liens, ces bras toujours
ouverts pour embrasser.

Avez-vous rencontré quelquefois la malignité sur sa
langue, la ruse et l'artifice sur ses lèvres? Ou plutôt
n'est-il pas vrai que la justice et la charité réglaient
tous ses discours, *disponet sermones suos in judicio*?
Il savait que la langue qui bénit Dieu le Père ne doit
point médire des hommes qui sont faits à l'image de
Dieu; que de la même bouche ne doivent point sortir
la malédiction et la bénédiction (1). Il n'y avait point
d'amertume dans son cœur ; et lbonté, dont il était
plein avait toujours besoin de s'épandre : de là ces lettres si nombreuses, cette correspondance si active où
son âme s'épanchait tout entière.

Mais, comme le dit S. Jean, la charité n'est pas seulement dans les paroles ni sur la langue : c'est par les
œuvres surtout qu'elle se manifeste. *Non diligamus
verbo neque linguâ, sed opere et veritate* (2).

(1) In ipsâ benedicimus Deum et Patrem ; et in ipsa maledicimus homines, qui ad similitudinem Dei facti sunt. Ex ipso ore
procedit benedictio et maledictio. Non oportet, Fratres mei, hæc
ita fieri. (Jac. c. III, ÿ. 9 et 10).

(2) I. Joann. c. III, ÿ. 18.

Ici, mes Frères, je me trouve en face d'une difficulté,
d'un obstacle qui m'empêche de parler dignement des
œuvres de charité de M. de Bâmont : c'est la pureté, la
perfection même de cette charité qui fuyait tous les
« regards pour n'être vue que de Dieu seul, conformé-
« ment à la leçon du divin Maître : Prenez garde à ne
« pas faire votre justice devant les hommes pour en être
« regardé : autrement vous n'aurez pas de récompense
« de la part de votre Père qui est dans les cieux. Lors
« donc que vous faites l'aumône, que votre main gauche
« ne sache pas ce que fait votre main droite (1). »

« Cachez, comme dit Bossuet commentant ce passage,
« cachez votre aumône à vos plus intimes amis ; il fau-
« drait, s'il se pouvait, vous pouvoir cacher à vous-
« même le bien que vous faites (2), afin que votre
« aumône demeure dans le secret et votre Père céleste,
« voit dans le secret, vous en rendra la récompense (3). »

Tout plein de ces maximes, M. de Bâmont semblait
ignorer le bien qu'il faisait ; il n'en parlait jamais aux
autres ; et en détruisant, quelque temps avant sa mort,
les papiers qui pouvaient trahir ses largesses, il en a
dérobé la trace à ses plus intimes confidents.

Ce que nous savons pourtant, c'est qu'il était de toutes les bonnes œuvres, et que sa bourse, comme
son cœur, s'ouvrait à toutes les demandes. C'étaient
des habits qu'il donnait, des remèdes qu'il portait aux
malades ; c'étaient des mendiants à qui il faisait l'aumône, des familles entières qu'il assistait ; ses biens
n'étaient point à lui. Il s'en regardait seulement comme

(1) Matth., c. vi, ỳ. 1, 2, 3.
(2) Bossuet. Médit. sur l'Evangile : *Sermon sur la montagne,*
20e jour.
(3) Matth. c. vi, ỳ. 4.

l'économe et le dispensateur, et, en faisant l'aumône, il croyait acquitter une dette. Aussi, comme il était exact, chaque année, à payer aux familles, dont il s'était fait le débiteur volontaire, la redevance que sa charité lui avait imposée! Il n'avait qu'une crainte quand il donnait, c'était de n'en pas faire assez. Je connais une maison vouée au service des malades, à qui il payait l'intérêt de l'argent qu'il lui avait promis, quand il ne le versait pas au terme fixé.

Ses aumônes ne connaissaient d'autres bornes que celles de ses ressources ; mais sa charité allait au-delà. Le croiriez-vous, mes Frères ? Cet homme si bon, si libéral, si généreux, on a rencontré quelquefois sur ses lèvres les plaintes de l'avarice ! Il se plaignait de n'avoir pas assez d'argent ! L'argent manquait en effet souvent à sa charité : car sa bourse s'épuisait toujours trop vite, au gré de son cœur si riche qui ne s'épuisait jamais. Souvent il s'est privé du nécessaire, pour subvenir aux besoins de ses frères. Qui dira combien de fois, se dépouillant lui-même, il a donné son linge et ses vêtements pour couvrir ceux qui étaient nus ?

On a trouvé qu'il n'apportait pas toujours dans ses aumônes assez de discernement : le fait est que cette âme si droite, ce cœur si large ne connaissait pas la défiance ; et il aimait mieux être trompé par de fausses misères, que de manquer à soulager des besoins véritables. Je n'ai pas le courage de le blâmer ; et, après tout, s'il a manqué de prudence, n'a-t-il pas une bonne excuse, et ne peut-il pas dire, comme S. Paul : nous avons fait des folies, mais c'était par amour pour Jésus-Christ souffrant dans les pauvres : *Nos stulti propter Christum* (1) ?

(1) I Cor. c. iv, ŷ. 10.

N'êtes-vous point touchés, mes Frères, de tant de charité ? Que serait-ce donc si vous aviez vu les larmes qui ont coulé, dans cette église, à la nouvelle de la mort de M. de Bâmont ; si vous aviez entendu toutes ces voix entrecoupées de sanglots, qui disaient : *Nous avons tout perdu ! Qu'il était bon ! C'était notre bienfaiteur !*

Et maintenant encore, si tous ceux qui se taisent ici pouvaient parler, au lieu de ce faible discours, vous auriez un magnifique concert de regrets, de bénédictions et de reconnaissance. Que de bouches s'ouvriraient pour vous dire, et la générosité de cet homme pacifique, qui ne se vengeait des injures que par des bienfaits, et les fruits merveilleux de sa charité : les cœurs désunis, par lui rapprochés, les haines éteintes, la concorde et la paix ramenées dans les familles par les sages conseils et sa douce influence !

Que n'auraient pas à vous révéler aussi les serviteurs de cet excellent maître, si leur deuil silencieux ne tenait lieu de toutes les louanges !

« Nous nous rappelons, disait le P. Lacordaire, ce « qu'étaient autrefois chez nous les domestiques, les « hommes de la maison, le vieillard qui nous avait « tenus sur ses genoux, la nourrice qui nous avait « allaités ; quel soutien et quel honneur ils trouvaient « dans les vieux châteaux de la féodalité et dans toutes « les saintes maisons du royaume très chrétien (1). »

« Ces mœurs ne sont plus les nôtres », ajoutait l'illustre orateur avec l'accent de la tristesse, et le regret profond de ne pas retrouver cette pieuse fraternité dans les familles.

Et nous, mes Frères, nous avons eu ce spectacle sous

(1) 21e Conf., année 1844 : *De l'humilité produite dans l'âme par la doctrine catholique*, t. II, p. 30.

les yeux ; nous avons vu tout cela ici : et le serviteur se reposant tranquillement dans ses vieux jours, au foyer domestique, quand ses mains ne pouvaient plus travailler, et son repos ne lui était pas reproché ; et la vieille nourrice toujours honorée et toujours aimée des enfants qu'elle avait élevés, et des parents dont elle avait partagé les soins.

Nous avons vu un maître chrétien qui traitait ses serviteurs comme ses enfants et comme ses frères, qui ne leur parlait jamais qu'avec douceur et tendresse, et qui, s'oubliant lui-même, ne s'occupait que de leurs intérêts, ne songeait qu'à leur apprendre à aimer et à servir leur Maître qui est dans les cieux.

Est-ce fini, mes Frères, et croyez-vous connaître la bonté de M. de Bémont ? Non, permettez-moi de vous le dire, vous ne la connaissez pas. Elle n'est connue que de Dieu seul parce que Dieu seul a lu dans ses pensées et dans son cœur ; Dieu seul a été témoin de ses désirs et de tout le bien qu'il aurait voulu faire, et qu'il n'a pas fait, parce qu'il ne l'a pas pu. Tout cela nous sera dévoilé au jour des grandes révélations. Sa conscience alors nous sera manifestée, et nous y lirons les mêmes paroles que Job, le modèle des justes, adressait, dans sa confiance, au Dieu témoin de sa vie :

« Que Dieu pèse mes actions dans la balance de sa « justice et qu'il voie si j'ai méprisé mes serviteurs et mes « servantes, si je ne les ai pas aimés comme mes frères « et comme ses enfants, si je me suis refusé aux prières « du pauvre, si j'ai fait languir les yeux de la veuve, si « j'ai mangé seul mon pain et ne l'ai pas partagé avec « l'orphelin (car la compassion a crû avec moi, dès « mon enfance, et elle est sortie avec moi du sein de « ma mère) ; si j'ai négligé de secourir celui qui n'ayant

« point d'habit, mourait de froid, et le pauvre qui était
« sans vêtements ; si le membres de son corps ne m'ont
« pas béni, lorsqu'ils ont été réchauffés par les toisons
« de mes brebis (1). »

Mes Frères, Dieu a déjà pesé, dans sa balance, la vie
et les œuvres de M. de Bâmont, elles sont jugées ; et si
vous voulez connaître la sentence, elle est écrite dans
l'Évangile : *Bienheureux les miséricordieux, car ils
obtiendront miséricorde* (2). Bienheureux donc cet
homme si bon qui a tant aimé les hommes. Ajoutons :
Bienheureux cet homme si pieux qui, ayant aimé les
hommes, a encore plus aimé son Dieu.

(1) Job. c. xxxi.
(2) Math. c. v. ℣ 7.

DEUXIÈME PARTIE

Dire d'un homme qu'il a été pieux, c'est un faible
éloge aux yeux de beaucoup de gens qui ne savent pas
ce que c'est que la piété, et qui la laissent à leurs fem-
mes et au vulgaire, comme un besoin qui leur est
étranger et un aliment qu'ils dédaignent pour eux-
mêmes.

Bossuet n'en jugeait pas ainsi quand, ayant à célé-
brer l'héroïsme, le génie et toutes les merveilles de la
vie du grand Condé, il mettait sa piété au-dessus de
toutes ses gloires. « Jusqu'à ce qu'on ait reçu ce don
« du Ciel, disait-il, tous les autres non-seulement ne
« sont rien, mais encore tournent en ruine à ceux qui
« en sont ornés. Sans ce don inestimable de la piété,
« que serait-ce que le prince de Condé avec tout ce
« grand cœur et ce grand génie?... La piété est le tout
« de l'homme (1). » Voilà la conclusion de Bossuet. Ce
sera aussi la nôtre, mes Frères.

La piété a fait la sagesse, la puissance, la force, la
consolation, le bonheur de M. de Bâmont. Elle a été le
mobile de ses actions, sa richesse, son trésor et sa
gloire.

(1) Oraison funèbre de Condé : *Exorde*.

La piété a fait sa sagesse, parce qu'elle lui a donné pour maître et pour guide Jésus-Christ, et l'Église, la colonne lumineuse de la vérité.

La plupart des hommes de son temps étaient encore enivrés des brillants mensonges de l'école philosophique du dix-huitième siècle, et de ses doctrines si flatteuses pour l'orgueil et la volupté. Voltaire et Rousseau, qui n'avaient combattu la foi que pour régner à sa place, pesaient encore sur les intelligences de tout le poids de leur crédit et de leur gloire usurpée. Il fallait de la force et du courage pour lutter contre un tel entraînement, pour secouer un joug imposé par l'opinion et que tant de beaux esprits avaient accepté. Dans cet enivrement général, il fallait une grande modestie pour savoir être *sage avec sobriété* (1), selon l'avis de l'apôtre; une grande droiture d'esprit et de cœur pour ne pas s'égarer. Que de volontés alors ont faibli! que d'esprits ont chancelé! que d'hommes à qui il a fallu les longues et sévères leçons de l'âge et du malheur, pour être désabusés!

M. de Bàmont n'a connu ni ces faiblesses, ni ces égarements, ni ces retours. Dès sa jeunesse, la droiture de son âme lui a fait trouver, dans la foi, la vérité qui ne change pas, un flambeau qui ne vacille pas, un guide qui n'égare pas, une lumière qui ne trompe pas.

Jésus-Christ, la pierre angulaire que tous ces bâtisseurs de vains systèmes avaient réprouvée, il en a fait le fondement de ses convictions et de sa vie toute entière. Et, tandis que les doctrines subversives de la philosophie ne laissaient dans un si grand nombre d'esprits que des ruines, je veux dire le doute de l'incrédu-

(1) 1 Rom. c. xii ꝟ 3.

lité, lui, il élevait sur le fondement divin qu'il avait choisi, un édifice immortel, d'or, d'argent et de pierres précieuses; je veux parler de bonnes œuvres qui ont fait la richesse et le mérite de sa vie. C'est sa piété, en effet, qui a été le mobile de ses plus belles actions, qui les lui a fait entreprendre et poursivre avec une constance que rien ne déconcertait. C'est sa piété qui en a assuré le succès, qui a fait son crédit et sa puissance.

Fidèles, enfants, maîtres et maîtresses de l'enfance, et vous aussi, prêtres, écoutez! Fidèles, écoutez ce qu'il a fait pour vous; enfants, religieuses vouées à l'enseignement, écoutez ce qu'il a fait pour l'éducation de l'enfance; prêtres, écoutez ce qu'il a fait pour le clergé!

Et d'abord, fidèles, écoutez ce qu'il a fait pour donner à votre paroisse un guide, un pasteur, un père qui fût à vous exclusivement, qui, dégagé de tout autre soin, pût vous consacrer tout son temps, toutes ses veilles et tout son cœur.

Ici, mes frères, je suis heureux de rencontrer, travaillant de concert avec M. de Bâmont, une femme qui vit encore dans tous les souvenirs, en qui j'aimerais à vous faire voir le modèle des filles, des épouses et des mères; la digne héritière du nom de cette noble famille des Marescotti, célèbre depuis neuf siècles, et qui a donné tant d'illustres personnages à l'Italie et à la France, et une sainte à l'Eglise.

Vous avez admiré, comme nous, cette distinction de manières, cette délicatesse de formes qui rappelaient la noblesse de sa naissance et les habitudes si exquises de cette vieille société française dont elle conservait toutes les belles traditions. Comme nous, vous avez apprécié cette intelligence si élevée, cet esprit si cultivé, cette âme si grande, cette femme si forte et si bonne, élevée à l'école du malheur; qui, dans les cachots de la révolution où les devoirs de la piété filiale la retinrent longtemps captive auprès de son noble père, avait appris à comprendre toutes les souffrances et à compatir à toutes les infortunes. Ce n'est pas ici qu'il faut raconter ses bonnes œuvres et ses bienfaits; devant vous, mes Frères, qui en avez été les témoins; au milieu même des monuments toujours subsistants de sa charité; près de cette école qu'elle a fondée et où, depuis trente ans, vos enfants ont reçu les bienfaits d'une éducation chrétienne; dans cette paroisse au rétablissement de laquelle elle a si puissamment contribué. Ce fût elle qui acheta le presbytère pour le donner à Jésus-Christ, qu'elle y logea dans la personne des pauvres en attendant qu'elle pût l'y recevoir dans la personne de son ministre.

M. de Bâmont acheva et compléta son œuvre en obtenant, en 1825, le rétablissement de la paroisse du Champ-de-la-Pierre. Je ne vous raconterai pas ici, mes Frères, toutes les difficultés qu'il eut à vaincre, tous les voyages qu'il lui fallut entreprendre. J'aime mieux vous montrer, un seul fait, le secret principe de son activité et de ses succès dans toutes ses entreprises. Vous l'apprendrez de la bouche d'une religieuse dont la reconnaissance a trahi son bienfaiteur.

Il s'agissait d'assurer l'existence légale d'une Communauté encore au berceau, mais qui promettait déjà beaucoup pour l'avenir. Préparer à l'Église et à la société de bonnes mères de famille; conserver à Jésus-Christ des cœurs dont il a pris possession dans le saint baptême et la première communion; leur apprendre à connaître, à bénir son nom, à aimer et à observer sa loi; c'était l'œuvre et le but de cette maison religieuse.

Il n'en fallait pas d'avantage pour enflammer le zèle de M. de Bâmont.

« Dieu, m'écrivait dernièrement la Supérieure de cette « Communauté, dans une lettre où des services déjà vieux « de dix ans sont racontés avec la jeunesse et la vivacité « d'une reconnaissance qui n'a pas vieilli, Dieu, qui a « tout consigné dans le livre de vie, pourrait seul faire « connaître ce qu'a coûté à son charitable serviteur la « négociation d'une affaire dont il semblait l'avoir spé- « cialement chargé, si l'on en juge par sa persévérance et « son courage vraiment héroïques. »

Ainsi cet homme si humble, si étranger aux inspirations, aux détours et aux manœuvres habiles de l'ambition, devient par sa piété, quand il s'agit de Dieu et de sa gloire, le plus insinuant, le plus pressant, le plus obstiné des solliciteurs. J'ajouterai : le plus heureux; car tout lui réussit. Sa piété lui donne des protecteurs tout-puissants. C'étaient toujours des neuvaines, dit la bonne « religieuse que je me plais à citer, c'étaient toujours « des neuvaines, tantôt à la Très-Sainte Vierge, tan « tôt à S. Joseph ou à Ste Anne. Il désignait lui- « même les formules à réciter. » Ce favori du Ciel savait le langage qu'il faut tenir à Dieu pour en tout obtenir.

Et nous aussi, prêtres, nous aurions une dette de reconnaissance à acquitter envers la mémoire de M. de Bâmont, si déjà elle ne lui avait été payée par une bouche auguste dont la parole a plus de valeur que la nôtre.

« *Venez*, disait Monseigneur à M. de Bâmont, en l'in « vitant à prendre place sur le théâtre de la distribution « des prix du Petit Séminaire de la Ferté-Macé, *venez* *vous asseoir au près de moi : vous êtes ici chez vous.* »

C'était juste, mes Frères, c'était vrai. Oui, on est chez

soi dans une maison, quand on a travaillé avec celui qui l'a fondée à en consolider l'existence : on est chez soi dans une famille, quand on a acquis des droits imprescriptibles à son amour et à sa reconnaissance.

Tel était, pour M. de Bâmont, le Séminaire de la Ferté-Macé, et les maîtres qui le dirigent se sont plu à le reconnaître. J'en trouve la preuve dans une belle parole dite seulement à l'oreille du bienfaiteur, mais que je me reprocherais de ne pas publier aujourd'hui : « J'ai trouvé dans les archives de notre « établissement les monuments de vos bienfaits et les « actes authentiques qui constatent notre dette de « reconnaissance. » Honneur à celui qui a mérité une pareille louange ! Mais honneur aussi au supérieur qui a si dignement exprimé la gratitude des siens ! Honneur au fondateur du séminaire, qui a légué à ses successeurs cette dette de reconnaissance, en l'inscrivant dans les archives de l'établissement qu'il a fondé.

Vous comprenez maintenant, mes Frères, comment M. de Bâmont a puisé toutes ses inspirations dans la piété. Voyons les joies et les consolations qu'elle lui a ménagées.

Ses joies, il les trouvait dans la prière. Il n'avait pas besoin du commerce des hommes pour son bonheur. La société de Dieu lui suffisait, et il savait le trouver partout : dans sa chambre qui était comme un temple embaumé de l'encens de sa prière ; dans ces allées solitaires où, comme les saints patriarches, il marchait toujours en la présence de son Seigneur et de son Dieu ; dans ces bois silencieux où il allait épancher librement son cœur devant une image de la mère de Dieu, qu'il aimait d'une incomparable tendresse.

Qui pourra dire son assiduité à visiter Jésus dans le

tabernacle de son amour, et les longues heures qu'il passait à goûter combien le Seigneur est doux à ceux qui l'aiment !

Portes saintes de la maison de Dieu, vous seules avez compté le nombre de ses visites ; pavés du temple où il se tenait si longuement prosterné, vous seuls avez recueilli ses larmes et savez le temps que duraient ses entretiens avec le divin Maître. Et vous, murs silencieux et recueillis, vous seuls avez entendu ses soupirs, vous seuls avez été témoins de son recueillement et de la ferveur de sa prière ; et vous, tribunal sacré, vous seul pouvez nous dire la pureté de sa conscience et la douleur que lui causait le souvenir de ses moindres péchés ; et vous, table sainte, où tant de fois il s'est assis, où, vers la fin de sa vie il venait manger presque tous les jours le pain de vie et le froment des élus, vous demeurez ici comme le monument et le gage impérissable de l'amour qu'il avait pour Jésus et que Jésus avait pour lui.

Cette vie si sainte a été, comme la vie de tous les amis de Dieu, éprouvée par la souffrance et le malheur ; et sa piété a fait sa consolation dans toutes ses épreuves.

Faut-il rouvrir des plaies qui saignent encore, pour raconter la douleur, les déchirements de cœur de M. de Bâmont, quand il perdit une fille chérie et si digne de l'être ?

Vous avez vu comme nous, mes Frères, cet ange de douceur et d'innocence, cette vierge toujours parée du manteau de la pudeur et de la modestie, ce visage plein de candeur, cette plante si tendre encore et déjà chargée de tant de fleurs par toutes les espérances qu'elle donnait, et de tant de fruits par toutes les bonnes œuvres qu'elle faisait ; plante précieuse que le souffle du monde n'a jamais flétrie, qui n'a pu prendre racine sur la terre, parce qu'elle était du ciel.

Quelle perte ! que de larmes ont coulé et coulent encore pour elle ! son père la pleura longtemps, il l'a pleurée toujours ! mais quel père ! et quelles larmes que celles de la piété ! « J'aimais bien tendrement « ma fille, disait-il un jour, en s'englottant, à quelqu'un « qui est ici et qui m'entend, j'aimais bien tendrement « ma fille ; mais c'est un ange dans le ciel, et Dieu vou- « lût-il me la rendre..... je le prierais de la garder près « de lui. »

Après un pareil sacrifice de la part d'un père, la mort n'en est plus un. Inutile donc de vous parler longuement de la belle mort de M. de Bâmont ; inutile de vous dire que quelques jours auparavant, tout ému d'un dis- cours qu'il avait entendu sur la mort du juste, il pleu- rait, et qu'il pleurait de joie, comme il l'a dit lui-même.

M. de Bâmont est mort comme il a vécu : il s'est en- dormi dans le Seigneur, tenant amoureusement collée sur ses lèvres et sur son cœur, l'image de son maitre, de son sauveur, de son juge et de son Dieu.

Maintenant, si vous me demandez, pour terminer, le résumé d'une si belle vie, il est tout entier dans ce seul mot du Roi-Prophète : « *Dilexi* (1), j'ai aimé. » Mot ad- mirable que S. Ambroise, faisant l'éloge funébre du grand Théodose, met à la bouche de son héros, comme son plus beau titre de gloire : *Dilexi*, j'ai aimé. C'est aussi le dernier mot du juste que nous pleurons. Il l'a dit aux anges venus à sa rencontre et qui lui deman- daient ce qu'il avait fait ici-bas :*Interrogabant angeli et archangeli : Qui egisti in terris ?... Dicebat : Dilexi* (2)

-----

(1) Ps. cxiv, ÿ. 1.
(2) S. Ambr. *De obitu Theodosi oratio*, n° 18.

Il nous le dit à nous, en quittant la terre, comme un mot d'ordre pour guider nos pas et éclairer notre vie. *Dilexi*, j'ai aimé : j'ai aimé les hommes, faisant du bien à tous, même à ceux qui m'avaient fait du mal. *Dilexi*, j'ai aimé ; j'ai aimé Dieu ; et son amour me l'a fait invoquer tous les jours avec confiance : *Dilexi .. et in diebus meis invocabo.* « J'ai trouvé l'affliction de la « douleur : mais j'ai imploré le nom du Seigneur, et il « m'a délivré : *Tribulationem et dolorem inveni, et « nomen Domini invocavi... et liberavit me.* Son amour « a sauvé mon âme de la mort, a essuyé les pleurs de « mes yeux et a affermi mes pieds contre la chute : « *Quia eripuit animam meam de morte, oculos meo, « à lacrymis, pedes meos à lapsu.* Désormais l'amour « sera ma vie, ma récompense, mon bonheur et ma « gloire pendant l'éternité : *Placebo Domino in re-« gione vivorum.* Ainsi soit-il. »

Imprimerie des Apprentis-Orphelins. — Roussel, 40 rue La Fontaine.